Theo von Taane

Blumen und Schmetterlinge

Ausmalbuch für Erwachsene

Bibliografische Information der Deutschen Nationalbibliothek:
Die Deutsche Nationalbibliothek verzeichnet diese Publikation in der Deutschen Nationalbibliografie; detaillierte bibliografische Daten sind im Internet über http://dnb.dnb.de abrufbar.

© 2016 Theo von Taane; 1. Auflage

Texte und Illustrationen: **Theo von Taane**

Herstellung und Verlag: BoD – Books on Demand, Norderstedt

ISBN: 9783735759580

Inhaltsangabe

1. Lilie
2. Klippe Mädchen
3. Ackerwinde
4. Löwenzahn
5. Hyazinthe
6. Blaustern
7. Iris
8. Flieder
9. Mohnblume
10. Rose
11. Schneeglöckchen
12. Tulpe
13. Wald-Akelei
14. Seerose
15. Orchidee
16. Osterglocke
17. Sonnenhut
18. Papageienblume
19. Schmuckkörbchen
20. Aschwurz
21. Paradiesvogelblume
22. Alpenveilchen
23. Rose
24. Lilie
25. Nasturtium
26. Eichhorn
27. Gerbera
28. Tagetes
29. Blumenbund 1
30. Blumenbund 2
31. Blumenbund 3
32. Blumenbund 4
33. Blumenbund 5
34. Blumenbund 6
35. Blumenbund 7
36. Blumenbund 8

Weitere Bücher von Theo von Taane

Titel	ISBN
Minecraft Witzebuch	9783738612332
Minecraft Witzebuch 2	9783739211206
Minecraft Witzebuch 3	9783739211305
Minecraft Witzebuch 4	9783739222394
Minecraft Rätselbuch	9783739218267
Minecraft Notizbuch	9783738628852
War Stars Witzebuch I	9783739213903
War Stars Witzebuch II	9783739209838
The Walking Dad Witzebuch	9783739213507
Weltbester Radfahrer	9783738610161
Weltbester Inline Skater	9783738610178
Weltbester Skifahrer	9783738610185
Weltbester Snowboarder	9783738610192
Weltbester Sportler	9783738610208
Weltbester Surfer	9783738610215
Weltbester Taucher	9783738610222
Weltbester Tennisspieler	9783738610239
Weltbester Volleyballer	9783738610246
Weltbester Wassersportler	9783738610253

…weitere Titel verfügbar und aktuell in Vorbereitung

Von Theo von Taane gibt es auch viele Witzebücher, Spiele, Kalender etc.
Einfach mal im Store nach ‚von Taane' suchen.

Viel Spaß!